BEI GRIN MACHT SICH IHR WISSEN BEZAHLT

- Wir veröffentlichen Ihre Hausarbeit, Bachelor- und Masterarbeit

- Ihr eigenes eBook und Buch - weltweit in allen wichtigen Shops

- Verdienen Sie an jedem Verkauf

Jetzt bei www.GRIN.com hochladen und kostenlos publizieren

Bibliografische Information der Deutschen Nationalbibliothek:

Die Deutsche Bibliothek verzeichnet diese Publikation in der Deutschen Nationalbibliografie; detaillierte bibliografische Daten sind im Internet über http://dnb.d-nb.de/ abrufbar.

Dieses Werk sowie alle darin enthaltenen einzelnen Beiträge und Abbildungen sind urheberrechtlich geschützt. Jede Verwertung, die nicht ausdrücklich vom Urheberrechtsschutz zugelassen ist, bedarf der vorherigen Zustimmung des Verlages. Das gilt insbesondere für Vervielfältigungen, Bearbeitungen, Übersetzungen, Mikroverfilmungen, Auswertungen durch Datenbanken und für die Einspeicherung und Verarbeitung in elektronische Systeme. Alle Rechte, auch die des auszugsweisen Nachdrucks, der fotomechanischen Wiedergabe (einschließlich Mikrokopie) sowie der Auswertung durch Datenbanken oder ähnliche Einrichtungen, vorbehalten.

Impressum:

Copyright © 2017 GRIN Verlag
Druck und Bindung: Books on Demand GmbH, Norderstedt Germany
ISBN: 9783668881266

Dieses Buch bei GRIN:

https://www.grin.com/document/455019

Anonym

Eine kriminologische Analyse zum Delikt der Sachbeschädigung

GRIN Verlag

GRIN - Your knowledge has value

Der GRIN Verlag publiziert seit 1998 wissenschaftliche Arbeiten von Studenten, Hochschullehrern und anderen Akademikern als eBook und gedrucktes Buch. Die Verlagswebsite www.grin.com ist die ideale Plattform zur Veröffentlichung von Hausarbeiten, Abschlussarbeiten, wissenschaftlichen Aufsätzen, Dissertationen und Fachbüchern.

Besuchen Sie uns im Internet:

http://www.grin.com/

http://www.facebook.com/grincom

http://www.twitter.com/grin_com

Inhaltsverzeichnis:

Einleitung ... 1
1. Das Delikt der Sachbeschädigung ... 2
   1.1 Statistiken und ihre Aussagekraft ... 2
   1.2 Vorkommen und Verbreitung ... 3
   1.2 Modus Operandi ... 4
   1.3 Täter- und opferspezifische Merkmale ... 5
2. Kriminologische Theorie ... 6
   2.1 Einordnung verschiedener Theorien ... 6
   2.2 Broken-Windows-Theorie ... 6
   2.3 Kritik ... 8
3. Intervention und Prävention ... 9
   3.1 Intervention ... 9
   3.2 Prävention ... 9
   3.3 „fixing broken windows" ... 10
4. Fazit ... 13
Literaturverzeichnis ... 14

Einleitung

Das Wort Kriminologie stammt aus dem Griechischen und bedeutet übersetzt soviel wie „die Lehre vom Verbrechen". Es gibt eine Vielzahl an Definitionen, welche sich gegenseitig ergänzen und die Kriminologie jeweils differenziert betrachten. Denn selbst kriminologische Fachvertreter gleicher Herkunftsdisziplinen verstehen die Kriminologie verschieden, weshalb eine einheitliche oder vorherrschende Definition des Begriffs bis heute nicht existiert.[1]
Nach Günther Kaiser, deutscher Rechtswissenschaftler und Kriminologe, handelt es sich bei der Kriminologie um „die geordnete Gesamtheit des Erfahrungswissens über das Verbrechen, den Rechtsbrecher (Täter), die negativ soziale Auffälligkeit und über die Kontrolle des delinquenten Verhaltens".[2] Allerdings ist auch diese Definition weder allgemein gültig noch anerkannt. Manche bewerten das Verbrechen als ein rein juristisches Phänomen, andere sehen es in einer engen Beziehung zu Kultur, Religion und Moral.[3] Sie sehen Gründe und Erklärungsansätze für kriminelles und delinquentes (abweichendes aber nicht kriminelles) Verhalten, z.B. in der Art und Weise, wie das Individuum aufwächst und erzogen wird oder in der Entwicklung der Gesellschaft, welche durch ihre gesellschaftlichen Definitionsprozesse überhaupt erst Normen und dementsprechend normkonformes Verhalten schafft. Daher überlagern sich Inhalte der Kriminologie oftmals mit denen anderer Wissenschaften, wie z.B. der Soziologie, der Pädagogik und der Psychologie.
Die Kriminologie ist ein Teil der nichtjuristischen Kriminalwissenschaften und befasst sich mit der Forschung zu bestimmten kriminalitätsrelevanten Themenbereichen, wie z.B. Ursachen für abweichendes Verhalten, Einstellungen und Motive der Täter oder unterschiedlichen Kriminalitätsphänomenen. Einzelne Phänomene werden zu größeren Überbegriffen zusammengefasst. So gibt es z.B. Rauschgiftkriminalität, Gewaltkriminalität, Mord und Totschlag als spezielle Form der Gewaltkriminalität, Wirtschaftskriminalität, Computerkriminalität, Umweltkriminalität und die sog. Massen- und Straßenkriminalität. Unter Massen- und Straßenkriminalität fallen laut der Polizeilichen Kriminalstatistik (PKS) folgende Delikte: überfallartige Vergewaltigung, exhibitionistische Handlungen und Erregung öffentlichen Ärgernisses, Raubüberfälle auf Geld- und Werttransporte, räuberischer Angriff auf Kraftfahrer, Handtaschenraub, sonstige Raubüberfälle oder gefährliche und schwere Körperverletzung auf Straßen, Wegen oder Plätzen, Taschendiebstahl, Diebstahl an Verkehrsmitteln (Kfz, Krafträder etc.), Landfriedensbruch und Sachbeschädigung (an Kfz und sonstige Sachbeschädigung auf Straßen, Wegen oder Plätzen).[4] Erwähnenswert ist, dass Graffiti laut der PKS ausdrücklich nicht zur Massen- und Straßenkriminalität gehört, obwohl Graffiti unter die Sachbeschädigung fällt.
Die folgende Hausarbeit befasst sich expliziter mit dem Delikt der Sachbeschädigung. Zu Beginn wird der Begriff, sowie der Tatbestand des Delikts definiert. Zudem werden Vorkommen und Verbreitung, Modus Operandi, sowie täterspezifische und opferspezifische Merkmale der Sachbeschädigung innerhalb von Deutschland dargestellt. Im Anschluss wird die sog. „Broken-Windows-Theorie" von Wilson und Kelling als möglicher kriminologischer Erklärungsansatz beschrieben und auf das Delikt der Sachbeschädigung übertragen. Zuletzt werden mögliche Präventions- und Interventionsmaßnahmen genannt und bewertet.

---

[1] vgl. Eisenberg (2005): S. 1
[2] Kaiser (1996): S. 1
[3] vgl. Göppinger (2008): S. 3
[4] vgl. Polizeiliche Kriminalstatistik 2014: S. 333

1. Das Delikt der Sachbeschädigung

Der Tatbestand der Sachbeschädigung ist in § 303 ff. des Strafgesetzbuches geregelt. Nach § 303 Abs. 1 StGB macht sich derjenige der Sachbeschädigung strafbar, „wer rechtswidrig eine fremde Sache beschädigt oder zerstört". Nach § 303 Abs. 2 StGB wird ebenso derjenige bestraft, „wer unbefugt das Erscheinungsbild einer fremden Sache nicht nur unerheblich und nicht nur vorübergehend verändert". Diese Ergänzung zum §303 Abs. 1 StGB erfasst auch Graffiti und andere Schmierereien, welche nicht ohne weiteres wieder entfernt werden können. Zudem ist nach § 303 Abs. 3 StGB der Versuch bereits strafbar.

Des Weiteren wurden später die Paragraphen § 303a und § 303b hinzugefügt, um auch die dort aufgeführten Delikte der „modernen Sachbeschädigung" in Form von Datenveränderung und Computersabotage in das Strafgesetzbuch zu integrieren. Nach § 303c StGB handelt es sich bei der Sachbeschädigung um ein relatives Antragsdelikt, d.h. es wird nur auf Antrag verfolgt, solange nicht ein besonderes öffentliches Interesse an der Strafverfolgung besteht. Der § 304 StGB regelt zudem die „Gemeinschädliche Sachbeschädigung". Sie besitzt dieselben Tatbestandsmerkmale wie in § 303 StGB, allerdings muss es sich beim Tatobjekt um öffentliches Eigentum oder ein öffentliches Gut handeln. Ebenso erfasst § 305 StGB die Zerstörung von Bauwerken, sowie § 305a StGB die Zerstörung wichtiger Arbeitsmittel.[5]

1.1 Statistiken und ihre Aussagekraft

Zur Analyse und Darstellung der Phänomenologie der Sachbeschädigung innerhalb von Deutschland wird die Polizeiliche Kriminalstatistik (PKS) aus dem Jahre 2014 verwendet. Die PKS wird jedes Jahr vom Bundeskriminalamt (BKA) herausgegeben und führt die Einzeldatensätze der einzelnen Bundesländer in einer umfassenden Statistik zusammen. Hierbei werden alle der Polizei bekannt gewordenen strafrechtlichen Sachverhalte berücksichtigt. Lediglich Staatsschutz- (Politisch motivierte Kriminalität) und Verkehrsdelikte, sowie diejenigen Delikte, die nicht in den Zuständigkeitsbereich der Polizei fallen, wie z.B. Finanz- und Steuerdelikte, werden nicht in der PKS aufgeführt.

Neben der Polizeilichen Kriminalstatistik gibt es ebenso noch weitere Kriminalstatistiken. Die Staatsanwaltschaftsstatistik (StASt) erfasst alle eröffneten Verfahren, gibt allerdings keine Auskunft über die Straftat oder den Tatverdächtigen. Die Strafverfolgungsstatistik (StVStat) erfasst alle vor Gericht verurteilten Täter und wird daher umgangssprachlich auch die „Verurteiltenstatistik" genannt. Die Strafvollzugsstatistik (StVollzSt) enthält die Anzahl aller Justizvollzugsanstalten und deren Insassen. Wenn man die zuvor aufgeführten Statistiken nacheinander betrachtet, findet ein sog. „Täterschwund" in Form eines Trichtermodells statt.[6] Das heißt, am Anfang gibt es eine sehr hohe Anzahl von Fällen, nämlich alle polizeilich registrierten Fälle. Von diesen werden allerdings kaum mehr als die Hälfte aufgeklärt. Daher gibt es auch nicht zu allen Fällen Tatverdächtige. Von den ermittelten Tatverdächtigen sind manche nicht strafmündig, und viele werden entweder nicht angeklagt oder vor Gericht freigesprochen. Die meisten Angeklagten werden zu einer Geld- oder Bewährungsstrafe verurteilt, und nur die wenigsten bekommen eine Freiheitsstrafe. Von der Straftat selbst bis zur Verurteilung des Täters

---

[5] StGB, § 303 ff.
[6] vgl. Schwind (2016): S. 50

kann demnach viel passieren. Manche Straftaten werden gar nicht erst bekannt. Andere können nicht aufgeklärt werden. Und nur die allerwenigsten werden am Ende auch für ihr Vergehen sanktioniert. Dieses Phänomen der Ausfilterung wird auch als „Trichtermodell der Strafverfolgung" bezeichnet. Die PKS erfasst von allen Statistiken die meisten Straftaten und steht demzufolge an der obersten Stelle des Trichtermodells. Besonders im Hinblick auf die Straftat, den Täter und das Opfer liefert die PKS die genauesten Informationen im Vergleich zu den anderen Statistiken. Daher ist sie von den oben genannten Statistiken zur Deliktsanalyse am geeignetsten.

Aber auch die PKS liefert kein gänzlich verzerrungsfreies Bild der Kriminalitätslage. Dadurch, dass sie nur diejenigen Straftaten registriert, von welchen die Polizei auch Kenntnis erlangt, zeigt sie nur das sog. „Hellfeld" der Kriminalität, also alle Straftaten, welche der Polizei durch eigene Ermittlungen oder durch Anzeige bei ihr bekannt werden. Sämtliche weiteren Straftaten, welche der Polizei nicht bekannt werden, können nicht registriert werden. Sie bleiben verborgen und bilden das sog. „Dunkelfeld" der Kriminalität. Zu beachten ist hierbei, dass die Relation zwischen Hell- und Dunkelfeld unbestimmt ist. Man kann sie weder abschätzen noch aus einer ungefähren Faustformel herleiten. Zum einen ist sie von Delikt zu Delikt unterschiedlich, und zum anderen bedeutet eine Veränderung des Hellfeldes nicht automatisch auch eine dementsprechende Veränderung des Dunkelfeldes. Das bedeutet, wenn das Hellfeld von Tötungsdelikten abnimmt, also der Polizei weniger Tötungsdelikte bekannt werden, kann die Anzahl der Tötungsdelikte, welche im Dunkelfeld verborgen bleiben, dennoch ansteigen. Die Größe des Hellfeldes ist daher vor allem vom Kontrollverhalten der Polizei sowie vom Anzeigeverhalten der Bevölkerung abhängig. Die Größe des Dunkelfeldes ist daher unbestimmbar. Allerdings lässt sich das Dunkelfeld zumindest in Teilen beleuchten. Hierbei unterscheidet man zwischen dem absoluten und dem relativen Dunkelfeld. Das absolute Dunkelfeld ist „unantastbar", und es ist nicht möglich, es zu erhellen. Das relative Dunkelfeld hingegen lässt sich durch Studien und Befragungen zumindest teilweise beleuchten. Hierzu werden anonyme Täter- *(SRD = self-reported delinquency)* und Opferbefragungen *(CVS = crime victimization surveys)* durchgeführt. Allerdings kann auch hier das entstehende Bild verzerrt werden, z.B. durch Lügen oder Übertreibungen *(overreport)* der Befragten.

Zudem handelt es sich bei der PKS um eine sog. „Ausgangsstatistik". Das bedeutet, dass die Straftaten erst nach Abschluss der polizeilichen Ermittlungen erfasst werden. Somit besteht bei der Erfassung der Straftaten eine zeitliche Verschiebung, welche das Kriminalitätsbild weiterhin verzerrt.[7] Die PKS liefert aber dennoch ein mehr oder weniger realitätsgetreues Bild der aktuellen Kriminalitätslage und wird daher von Legislative, Exekutive und Wissenschaft als erstes Mittel zur Kriminalitätsanalyse herangezogen.

1.2 Vorkommen und Verbreitung

Während im Vorjahr 2013 laut der PKS 5.961.662 Fälle von Straftaten aller Art registriert worden sind, waren es im Berichtsjahr 2014 insgesamt 6.082.064 der Polizei bekannt gewordenen Fälle von Straftaten. Das ist ein absoluter Anstieg um 120.402 Fälle und ein relativer Anstieg um 2,0% im Vergleich zum Vorjahr. Zudem stieg auch die Häufigkeitszahl (die Fälle pro

---

[7] vgl. Polizeiliche Kriminalstatistik 2014: S. 3

100.000 Einwohner) um 1,7% an. Von 2013 auf 2014 ist daher ein deliktsübergreifender Kriminalitätsanstieg festzuhalten.[8]
Von den insgesamt 6.082.064 registrierten Straftaten im Jahr 2014 waren 601.112 Fälle, also ca. 9,9% aller Straftaten, der Sachbeschädigung zuzuordnen. Es handelt sich daher im Durchschnitt bei jeder zehnten Straftat, welche der Polizei bekannt wird, um eine Sachbeschädigung. Somit hat die Sachbeschädigung (9,9%) einen höheren Gesamtanteil an allen in der PKS aufgeführten Straftaten als z.b. Körperverletzungen (8,7%) oder auch Rauschgiftdelikte (4,6%). Umgekehrt haben nur Betrug (15,9%), schwerer Diebstahl (18,4%) und einfacher Diebstahl (21,7%) einen höheren Anteil an der Gesamtkriminalität.
Im Vergleich zum Vorjahr 2013 ging die Anzahl an Straftaten von Sachbeschädigungen von 621.699 Fällen auf 601.112 Fälle im Berichtsjahr 2014 zurück, obwohl die absolute Einwohnerzahl Deutschlands von 2013 auf 2014 um 243.717 Einwohner anstieg.[9] Dies entspricht einer absoluten Abnahme von 20.587 Fällen und einer relativen Abnahme von 3,3%. Auch die Häufigkeitszahl der Sachbeschädigung ist von ca. 772 Fällen im Vorjahr auf ca. 744 Fälle (pro 100.000 Einwohner) im Berichtsjahr zurückgegangen. Daraus folgt, dass die Kriminalität in Bezug auf das Delikt der Sachbeschädigung innerhalb Deutschlands von 2013 auf 2014 abgenommen hat. Dennoch ist der Gesamtanteil an allen bekannt gewordenen Straftaten mit 9,9% immer noch sehr hoch.
Des Weiteren wird in der PKS unter dem Summenschlüssel der Sachbeschädigung mit insgesamt 601.112 registrierten Fällen zwischen drei einzeln aufgeführten Arten der Sachbeschädigung unterschieden: die Sachbeschädigung an Kfz, Sachbeschädigungen auf Straßen, Wegen oder Plätzen und die Zerstörung wichtiger Arbeitsmittel. Im Berichtsjahr 2014 fielen 224.716 Fälle, und damit mehr als ein Drittel aller registrierter Fälle (37,4%) unter Sachbeschädigung an Kfz. Im Vergleich zum Vorjahr (208.398 Fälle) entspricht dies einer Zunahme um 7,8%. Während die Aufklärungsquote bei Sachbeschädigung allgemein bei 24,9% liegt, ist sie bei Sachbeschädigung an Kfz mit 18,4% besonders niedrig. Für Sachbeschädigung auf Straßen, Wegen oder Plätzen wurden 2014 insgesamt 157.305 Fälle erfasst. Dies entspricht einer relativen Abnahme um 1,3% im Vergleich zum Vorjahr. Die Sachbeschädigung auf Straßen, Wegen oder Plätzen hat somit hinter Sachbeschädigung an Kfz den zweitgrößten Anteil an der Sachbeschädigung. Die Zerstörung wichtiger Arbeitsmittel macht mit 423 registrierten Fällen nur einen sehr geringen Teil der gesamten Sachbeschädigung aus. Allerdings ist im Vergleich zum Vorjahr mit 390 registrierten Fällen eine relative Zunahme um 8,5% zu verzeichnen. Hier ist die Aufklärungsquote mit 48% besonders hoch.[10]

1.2 Modus Operandi

Der Modus Operandi beschreibt die Art und Weise wie die Täter vorgehen. Er spielt eine sehr wichtige Rolle bei der Kriminalitäts- bzw. Deliktsanalyse, denn wenn man weiß, wie die Täter vorgehen, kann man im Hinblick auf Kriminalprävention spezielle Maßnahmen veranlassen, um den Tatererfolg oder die Begehung der Straftat zu verhindern.

---

[8] vgl. Polizeiliche Kriminalstatistik 2014: S. 5
[9] Statistisches Bundesamt
[10] vgl. Polizeiliche Kriminalstatistik 2014: S. 278

Generell gibt es innerhalb der PKS nicht viele Informationen zur Vorgehensweise der Täter. Die meisten Zahlen stammen daher aus einem Anhang zur PKS, welcher ausgewählte Tabellen mit Angaben zu den Tatverdächtigen enthält. Zum Beispiel sind insgesamt 66,2% der Tatverdächtigen alleinhandelnd. Zudem sind 53,1% zuvor bereits als Tatverdächtige in Erscheinung getreten. Es konsumierten zwar nur 4,1% der Tatverdächtigen harte Drogen, allerdings handelten insgesamt 25,5%, also 34.218 Tatverdächtige, unter dem Einfluss von Alkohol. Diese Tatverdächtigen hatten daher vermutlich kein individuelles Motiv, sondern begingen die Straftat eher willkürlich, bzw. situationsbedingt. Zudem wurden 636 Fälle (0,5%) registriert, bei welchen der Tatverdächtige eine Schusswaffe mitführte.

Zur Tatort-Wohnsitz-Beziehung lässt sich für Sachbeschädigungen folgendes sagen: Insgesamt 66,4% der Tatverdächtigen begingen die Sachbeschädigung in der Gemeinde ihres Wohnorts, 10,2% im Landkreis ihres Wohnorts, 17,2% im Bundesland des Wohnorts und lediglich 4,6% im übrigen Bundesgebiet. [11]

1.3 Täter- und opferspezifische Merkmale

Bei insgesamt 601.112 bekannt gewordenen Fällen der Sachbeschädigung im Berichtsjahr 2014 gibt es laut der PKS 134.215 Tatverdächtige. Davon sind 85,4% männlich und nur 14,6% weiblich. Die Sachbeschädigung ist daher ein typisches „Männerdelikt". Bei Sachbeschädigung auf Straßen, Wegen oder Plätzen sowie bei Zerstörung wichtiger Arbeitsmittel sind es sogar jeweils knapp 90% männliche Tatverdächtige und lediglich knapp 10% weibliche Tatverdächtige.

Des Weiteren wird nun die Altersstruktur der Tatverdächtigen betrachtet. Insgesamt sind 63,7% der Tatverdächtigen von Sachbeschädigung Erwachsene ab 21 Jahren und demnach sind 36,3% der Tatverdächtigen Kinder (bis 14 Jahre), Jugendliche (14 bis 18 Jahre) und Heranwachsende (18 bis 21 Jahre). Alleine 20.795 Tatverdächtige (und damit knapp 15,5%) waren zwischen 20 und 30 Jahre alt. Zudem waren 16.690 Tatverdächtige (12,4%) zwischen 21 und 25 Jahre alt und 16.217 Tatverdächtige (12,1%) zwischen 25 und 30 Jahre alt. Insgesamt 24,6%, also knapp ein Viertel der Tatverdächtigen, waren minderjährig und dementsprechend Kinder und Jugendliche (unter 18 Jahren).

Diese Werte zeigen aber lediglich Durchschnittswerte. Sowohl bei Sachbeschädigung an Kraftfahrzeugen als auch bei der Zerstörung wichtiger Arbeitsmittel ist der Anteil an erwachsenen Tatverdächtigen mit 70,3% (an Kfz) und 81,3% (Zerstörung wichtiger Arbeitsmittel) weitaus höher. Bei Sachbeschädigung auf Straßen, Wegen und Plätzen hingegen haben Erwachsene lediglich einen Tatverdächtigenanteil von 46,7%. Dementsprechend hoch ist hier der Anteil der jüngeren Tatverdächtigen. Hier stellen Minderjährige (Kinder und Jugendliche unter 18 Jahren) einen Anteil an Tatverdächtigen von über einem Drittel (36,9%). Zusammen mit den Heranwachsenden (18 bis 21 Jahre) überschreitet ihr Anteil sogar mehr als die Hälfte aller Tatverdächtigen (53,3%).[12]

Ebenso kann man bei allen Tatverdächtigen unterscheiden, ob sie deutsch oder nichtdeutsch sind. Von allen 134.215 registrierten Tatverdächtigen zum Delikt der Sachbeschädigung sind

---

[11] vgl. Polizeiliche Kriminalstatistik 2014: Ausgewählte Tabellen (Anhang)
[12] vgl. Polizeiliche Kriminalstatistik 2014: S. 279

insgesamt 19.815 nichtdeutsch. Das entspricht einem relativen Anteil nichtdeutscher Tatverdächtiger von 14,8%. Bei Sachbeschädigung auf Straßen, Wegen oder Plätzen ist der Anteil der nichtdeutschen Tatverdächtigen mit 11,3% niedriger, bei der Zerstörung wichtiger Arbeitsmittel ist der Anteil nichtdeutscher Tatverdächtiger mit 20,1% höher. Der relative Gesamtanteil nichtdeutscher Tatverdächtiger bei allen registrierten Straftaten im Jahre 2014 lag bei 28,7% und ist damit fast doppelt so groß wie der Anteil nichtdeutscher innerhalb des Delikts der Sachbeschädigung.[13]

Von den 19.815 nichtdeutschen Tatverdächtigen besitzen 18,3% die türkische, 11,3% die polnische und 5,7% die italienische Staatsangehörigkeit.

2. Kriminologische Theorie

2.1 Einordnung verschiedener Theorien

Die kriminologischen Theorien gehören genauer zur Kriminalätiologie. Dieser Teilbereich der Kriminologie erforscht die Ursachen für kriminelles Verhalten.[14] Hierbei gibt es viele verschiedene kriminologische Theorien für die Entstehung von Kriminalität, delinquentem Verhalten und Verbrechen. Ihre Erklärungsansätze lassen sich in einzelne größere Strömungen zusammenfassen. So gibt es z.b. biologische, psychologische (individuelle), soziologische oder sozialökologische Erklärungsansätze der Kriminologie.

Biologische Theorien sind maßgeblich auf Cesare Lombroso zurückzuführen. Er gilt als Begründer der kriminal-anthropologischen Schule und befasste sich mit der Frage, ob der Mensch bereits durch genetische Voraussetzungen als Verbrecher geboren wird. Er behauptete sogar, man könne Verbrecher und Kriminelle an bestimmten Körpermerkmalen (wie z.B. der Form des Schädels) erkennen. Psychologische Theorien konzentrieren sich auf die persönliche Entwicklung des Individuums. Sie beschäftigen sich insbesondere mit Konditionierungsmodellen und Aggressionstheorien wie z.B. dem Druckkessel-Modell nach Lorenz.[15] Soziologische Theorien betrachten die Gesamtheit aller Beziehungen des Individuums zum Rest der Gesellschaft und ihre auf das Individuum wirkenden Einflüsse.

2.2 Broken-Windows-Theorie

Die Broken-Windows-Theorie verfolgt einen sozialökologischen oder auch kriminalgeografischen Ansatz der Kriminalitätsentstehung. Die Kriminalgeografie ist ein kriminologischer Forschungsansatz, der die Daten über Raum- und Bevölkerungsstruktur eines ausgewählten Gebietes zu den entsprechenden Kriminalitätszahlen in Relation setzt.[16] Das bedeutet, die Broken-Windows-Theorie versucht, den Zusammenhang zwischen Kriminalität und dem Raum, in welchem sie entsteht, zu erklären. Diese Forschung ist bereits um 1920 unter dem Namen „Chicagoer Schule" bekannt geworden. Hierbei handelt es sich um eine Bewegung von Wissenschaftlern, welche die Soziologie zu einer induktiven empirischen Wissenschaft fortbilden wollten[17] und hierzu das „Phänomen Großstadt" als ihr Laboratorium verwendeten, um die

---
[13] vgl. Polizeiliche Kriminalstatistik 2014: S. 140
[14] vgl. Burghard/Hamacher (1986): S. 335
[15] vgl. Schwind (2016): S. 140
[16] vgl. Burghard/Hamacher (1986): S. 171
[17] vgl. Göppinger (2008): S. 147

Gesetze der modernen Gesellschaft möglichst direkt zu beobachten. Sie beschäftigten sich mit dem sozialen Wandel, der zunehmenden Urbanisierung und der damit verbundenen Zunahme krimineller Handlungen.

Besonders wichtig für die aus dem Jahre 1982 stammende Broken-Windows-Theorie waren die Forschungsergebnisse von Clifford Shaw und Henry D. McKay, welche ebenfalls für die „Chicagoer Schule" forschten. Sie erforschten die Verteilung der Kriminalität innerhalb von Chicago und erstellten anhand ihrer Ergebnisse einen „kriminellen" Stadtplan der Stadt *(crime mapping)*.[18] Dieser zeigte keine gleichmäßige Verteilung, sondern eine unterschiedlich starke Belastung einzelner Stadt- und Wohnviertel durch Kriminalität. Zudem waren eindeutig kriminelle Brennpunkte, sogenannte *„hot spots"* oder auch *„delinquency areas"*, zu erkennen. In diesen Brennpunkten sei die soziale Kontrolle auf ein Minimum reduziert. Diese stadtteilabhängige Kriminalitätsverteilung innerhalb Chicagos erschien sowohl James Q. Wilson (Sozialpsychologe), als auch George L. Kelling (Politikwissenschaftler) sehr interessant, sodass die beiden weiter nach Gründen für diese räumlich abhängige Verteilung suchten. Daraufhin veröffentlichten sie 1982 ihre „Broken-Windows-Theorie".

Als Argumentationsgrundlage diente Wilson und Kelling ein Experiment, welches Philip Zimbardo, ein bekannter US-amerikanischer Sozialpsychologe, 1969 durchgeführt hatte: Ein älteres Auto ohne Kennzeichen und mit offener Motorhaube war sowohl in der New Yorker Bronx, als auch in einem gehobenen Viertel in Palo Alto, Kalifornien, abgestellt worden. In der Bronx dauerte es keine 10 Minuten, bis das Auto demoliert und ausgeschlachtet wurde. Nach Ablauf des nächsten Tages war das Auto komplett zerstört und lag auf dem Dach. In Palo Alto passierte eine Woche lang nichts, ein besorgter Passant schloss sogar die Motorhaube, als es anfing zu regnen. Erst als Zimbardo selbst die Windschutzscheibe des Autos zerstörte, schritt die Zerstörung durch Dritte voran.[19]

Ihre Theorie umfasst drei grundlegende Thesen: Unordnung *(disorder)* und städtischer Verfall (wie z.B. Graffiti, herumliegender Müll, zerbrochene Scheiben oder alkoholisierte Bedürftige) zeigen an, dass eine Gegend nicht mehr wirksam kontrolliert wird (sowohl formell als auch informell). Diese Zustände wirken sich auf das Sicherheitsgefühl der Bevölkerung aus, auch wenn dies objektiv unbegründet sein mag. Dieser Zustand zieht Straftäter an und optimiert Tatgelegenheiten, denn die meisten Bürger sind bereits eingeschüchtert. Täter fühlen sich durch die mangelnde Kontrolle überlegen und zur Kriminalität ermutigt.[20]

Wilson und Kelling beschreiben die Entstehung von Kriminalität als einen negativen Verstärkerkreislauf, welcher in der Begehung von Straftaten endet. Zu Beginn gibt es eine Unordnung innerhalb eines Stadtteils, wie z.B. eine zerbrochene Fensterscheibe. Wenn diese nicht schnell repariert wird, ist sie ursächlich für delinquentes oder kriminelles Verhalten Dritter, wie z.B. Vandalismus, Graffiti, aggressives Betteln, herumliegender Müll, öffentliches Urinieren, Drogenhandel etc. und führt so zu einem allgemeinen Kriminalitätsanstieg (nach Wilson und Kelling: *„disorder left untended leads to more serious crime"*)[21]. Im Gegenzug sinkt das Sicherheitsgefühl der Bevölkerung, und es verbreitet sich eine zunehmende Kriminalitätsfurcht bei den Bürgern. Diese Furcht, selbst Opfer von Verbrechen zu werden, führt zu einem massiven

---

[18] vgl. Neubacher (2014): S. 89
[19] vgl. Neubacher (2014): S. 90
[20] vgl. Göppinger (2008): S. 148
[21] vgl. Wilson/Kelling (1982): S. 29-32

Abbau sozialer bzw. informeller Kontrolle. Die Menschen ziehen sich auf sich selbst und ihren engsten Kreis zurück. Das Territorium, für das sie sich verantwortlich fühlen, schrumpft auf die eigene Wohnung zusammen. Der öffentliche Raum unterliegt nicht mehr einer informellen nachbarschaftlichen Kontrolle und wird somit noch attraktiver für Täter. Diese fühlen sich unbeobachtet, und es erscheint um ein Vielfaches einfacher, bei der Begehung eines Verbrechens nicht entdeckt und ebenso nicht sanktioniert zu werden. Das offensichtliche Fehlen von Bestrafungen und Sanktionen führt zu einem beinahe willkürlichen Handeln der Rechtsbrecher und indiziert einen weiteren Kriminalitätsanstieg. Konsequenzen können unter Umständen sogar die Verwahrlosung des gesamten Stadtteils sein. Durch hohe negative Wanderungssalden kann sich z.B. die bevölkerungsstrukturelle Zusammensetzung des Stadtteils ändern. Wer es sich leisten kann, zieht weg und verlässt den Stadtteil. Die freiwerdenden Wohnungen sind nicht attraktiv für neue Mieter und werden daher oftmals von einkommensschwachen Personen bezogen. So kommt es nicht nur zu einer räumlichen, sondern auch zu einer bevölkerungsstrukturellen Veränderung des Stadtteils.

2.3 Kritik

Die Broken-Windows-Theorie erscheint auf den ersten Blick relativ einleuchtend. In „unordentlichen" Stadtteilen wird auch mehr Kriminalität begangen. Aber wie ist Unordnung definiert? Und ist diese Unordnung tatsächlich der Auslöser für Kriminalität und Verbrechen? Viele Kritiker bemängeln fehlende empirische Belege für die Theorie.

Der größte Kritikpunkt der Theorie ist mit Sicherheit die Behauptung, dass Kriminalität aus „sichtbar fehlender Ordnung" folgen würde. Die meisten Kritiker sind der Meinung, sie hätten vielmehr denselben Grund, nämlich soziale Desorganisation. Wilson und Kelling denken zu trivial. Die Gründe für Kriminalität sind weitaus komplexer und komplizierter als lediglich eine kleine Unordnung. Die Broken-Windows-Theorie ist daher vielmehr als eine Idee anstatt als eine Theorie zu betrachten.[22]

Laut von Danwitz überzeugt bereits die Interpretation von Wilson und Kelling aus Zimbardos Experiment nicht. Der Zustand des abgestellten Fahrzeugs, ohne ein amtliches Kennzeichen und mit geöffneter Motorhaube, suggeriert die Herrenlosigkeit des Autos und macht damit die Aneignung einzelner Fahrzeugteile nicht rechtswidrig. Somit könne auch nicht von einer Plünderung ausgegangen werden.[23] Fraglich ist darüber hinaus, weshalb die „Plünderung" und Zerstörungswut nicht auf andere Objekte übergriff. Dies war weder in der Bronx noch in Palo Alto der Fall.

Meiner Meinung nach sollte man die Broken-Windows-Theorie daher tatsächlich eher als eine Idee anstatt als einen Erklärungsansatz betrachten. Eine Unordnung innerhalb eines Stadtteils kann durchaus das Sicherheitsgefühl der Bevölkerung mindern sowie Kriminalität verstärken, aber sie ist weder der Auslöser noch die alleinige Ursache für Kriminalität.

---

[22] vgl. Feltes (1997): S. 12
[23] vgl. von Danwitz (2014): S. 35

3. Intervention und Prävention

3.1 Intervention

Das Wort Intervention bedeutet das Unterbrechen oder das Einschreiten während der Begehung einer Straftat. Das Delikt der Sachbeschädigung gestaltet es allerdings oftmals schwer zu intervenieren. Die meisten Sachbeschädigungen passieren innerhalb weniger Sekunden oder Minuten. Außerdem sind viele nicht vorsätzlich geplant, sondern entstehen viel mehr aus dem Affekt oder der Situation, in welcher sich der Täter zum Tatzeitpunkt befindet. Zudem werden sie, sofern sie vom Täter geplant worden sind, meist auch so durchgeführt, dass sie bei der Begehung der Straftat nicht entdeckt werden. Polizeiliche Intervention ist somit sehr problematisch, da die Polizei meist erst im Anschluss an die Sachbeschädigung Kenntnis von dieser erlangt. Der registrierte Versuchsanteil bei Sachbeschädigung liegt lediglich bei 1,4%.[24] Ansonsten bleibt der Polizei nur die Möglichkeit, präventiv oder repressiv einzugreifen.

3.2 Prävention

Allgemein bedeutet Prävention die Verhinderung einer Handlung oder eines angestrebten Zieles. Kriminalprävention meint genauer die Verhinderung bzw. die Vorbeugung von Straftaten. Genauer umfasst sie alle Maßnahmen und Vorkehrungen, welche eingeleitet und realisiert werden, um das Ausmaß und die Schwere der Kriminalität zu vermindern. Früher bedeutete Kriminalprävention die Abschreckung von Straftätern durch Strafandrohung, Strafverfolgung und Bestrafung (Prävention durch Androhung von Repression). Heute wird versucht, Kriminalitätsursachen sowie die Bereitschaft zu kriminellem Verhalten zu beseitigen oder positiv zu beeinflussen.

Zunächst lässt sich zwischen zwei verschiedenen Formen der Prävention unterscheiden. Zum einen gibt es die Generalprävention und zum anderen die Spezialprävention. Die Generalprävention richtet sich tendenziell an die gesamte Gesellschaft und insbesondere an potenzielle Täter. Sie ist eine Art „Standardmaßnahme" zur allgemeinen Verhütung und Bekämpfung von Straftaten. Die Spezialprävention hingegen wirkt unmittelbar auf den Täter ein und will mit der Strafe und den Maßregeln (Geld- oder Freiheitsstrafe, Dauer der Strafe, offener oder geschlossener Strafvollzug etc.) zukünftige Straftaten verhindern. Innerhalb von beiden Präventivmaßnahmen gilt es zwischen positiver und negativer Prävention zu unterscheiden. Bei negativer Prävention wird mit Abschreckung gearbeitet, während bei positiver Prävention das nicht-kriminelle Verhalten gestärkt wird.

Generalprävention	Spezialprävention
negative Generalprävention: Abschreckung potenzieller Täter durch Strafandrohung, Strafverfolgung und Bestrafung	negative Spezialprävention: Abschreckung des Täters vor Rückfall und Sicherung zukünftiger Straftaten durch Strafe und Maßregeln
positive Generalprävention: Erhaltung und Stärkung der Rechtstreue, des Rechtsbewusstseins und des Vertrauens der Bevölkerung in die Rechtsordnung	positive Spezialprävention: Resozialisierung, Rehabilitation oder Erziehung des Täters

---

[24] vgl. Polizeiliche Kriminalstatistik 2014: S. 278

Des Weiteren lässt sich zwischen primärer, sekundärer und tertiärer Prävention unterscheiden. Die primäre Prävention richtet sich, ähnlich wie die Generalprävention, an die Allgemeinheit und zudem an die sozialstrukturellen Bedingungen. Sie versucht ebenso das Werte- und Rechtsbewusstsein zu verstärken und außerdem die sozialstrukturellen Ursachen für Kriminalität zu bekämpfen. Die sekundäre Prävention richtet sich an potentielle Täter und Opfer sowie kriminalitätsgünstige Situationen. Ihr Ziel ist es, potentielle Täter möglichst früh zu erkennen, zu intervenieren und sie abzuschrecken. Potentielle Opfer sollen aufgeklärt werden und zum Eigenschutz bewegt werden. Kriminalitätsgünstige Situationen sollen z.b. durch stärkere technische Überwachung und Kontrolle reduziert werden. Tertiäre Prävention richtet sich an den Rechtsbrecher (Täter) und will ihn, ähnlich wie die Spezialprävention, entweder durch strafrechtliche Sanktionen abschrecken oder ihn durch resozialisierende Maßnahmen und unabhängig von der Begehung weiterer Straftaten wieder in die Gesellschaft integrieren.[25]
Kriminalpräventive Maßnahmen zur Verhinderung von Sachbeschädigungen sind als primär- und generalpräventive Prävention z.b. die Androhung von Strafe, insbesondere bei gemeinschädlicher Sachbeschädigung. Oder als sekundäre und situationsbezogene Prävention z.b. die Videoüberwachung öffentlicher Straßen, Wege und Plätze. Hierdurch sollen Täter vor der Begehung der Tat abgeschreckt werden, oder nach der Begehung der Tat leichter identifiziert, aufgefunden und sanktioniert werden.
Im Anschluss noch eine spezielle Art der Kriminalprävention, zugeschnitten auf die „Broken-Windows-Theorie" nach Wilson und Kelling.

3.3 „fixing broken windows"

Eine Methode, um sozialräumliche Disparitäten und Polarisierungen in einer Stadt zu beeinflussen, ist die Kriminalpolitik. Die Kriminalpolitik umfasst alle staatlichen (also insbesondere alle polizeilichen) Maßnahmen zur Verbrechensverhütung und Verbrechensbekämpfung. Sie bestimmt z.B., wie die Polizei in ihrer Aufgabenerfüllung agiert, also ob sie eher reaktiv oder proaktiv handelt. Diese polizeiliche Vorgehensweise wird auch Polizeistrategie genannt.
Für Wilson und Kelling bedeutet „Ordnungserhaltung gleich Verbrechensverhütung"[26], da sie den Ursprung für Kriminalität in der Unordnung innerhalb eines Stadtteils sehen. So wurde 1994 in New York eine neue Kriminalpolitik bzw. eine neue Polizeistrategie etabliert, welche maßgeblich von den Überlegungen der „Broken-Windows-Theorie" gekennzeichnet war.
Zunächst einmal muss man allerdings wissen, dass die Kriminalität in New York keinesfalls mit der bei uns herrschenden Kriminalität zu vergleichen war. Die Kriminalitätsentwicklung hatte 1990 in New York ihren Höhepunkt erreicht. Die Häufigkeitszahl von Mord und Totschlag (ohne Versuche) lag 1990 bei 31 (pro 100.000 Einwohner). Währenddessen lag der amerikanische Durchschnitt bei 10 und der deutsche (inklusive Versuche) knapp über 1. Einer repräsentativen Umfrage zufolge wurden 39% aller 18 bis 21-jährigen bereits mit einem Messer und 22% bereits mit einer Schusswaffe bedroht oder verletzt.[27] Am höchsten war die Kriminalität in den sog. Ghettos, den schwarzen Wohnvierteln Brooklyns, der südlichen Bronx und des nördlichen Manhattan. In den anderen Stadtvierteln war die Lage zwar bei weitem nicht so

---
[25] vgl. Bundesministerium des Inneren: S. 665 ff.
[26] vgl. Wilson/Kelling (1996): S. 121
[27] vgl. Curtis (1998): S. 1257

dramatisch, aber dennoch herrschten Kriminalität und Kriminalitäts-angst überall. Damals lebten „arm und reich" teilweise direkt nebeneinander und waren nicht durch städtebauliche Maßnahmen (wie z.B.: *gated communities*) voneinander getrennt. Somit war die erschreckende Kriminalitätslage auch für die Oberschicht klar erkennbar und ein ernst zu nehmendes Problem.

Mit der Wahl von Rudolph Giuliani zum Bürgermeister von New York 1993 wurde das New York Police Department (NYPD) reformiert, um die Sicherheit innerhalb New Yorks zu verbessern. Symptomatisch für diese Reform war die Berufung von William Bratton als neuen Polizeichef. Die neue Orientierung der Polizei ist unter den Stichworten *„community-policing"* und *„problem-oriented policing"* bekannt geworden. Oftmals wurde die neue Strategie auch als *„zero-tolerance"* Projekt bezeichnet. Diese Bezeichnung meidet Bratton aller-dings entschieden, da er viel mehr hinter seiner Umstrukturierung sieht als nur das Etablieren eines härteren Einschreitens. Es geht schließlich nicht um die Vertreibung von Störern, sondern darum, störendes Verhalten abzustellen.[28]

Bratton verfolgte hauptsächlich zwei Leitideen. Erstens: Eine aktive Polizei kann Kriminalität erfolgreich reduzieren. Zweitens: Konsequentes Vorgehen gegen Kleinkriminalität und Ordnungswidrigkeiten, Maßnahmen gegen räumliche und soziale Unordnung sind die Basis für eine erfolgreiche Verbrechensprävention.[29] Bratton ließ sich hierbei maßgeblich von den Erkenntnissen aus der Broken-Windows-Theorie von Wilson und Kelling beeinflussen. Er lernte die beiden noch während ihrer Zeit an der Universität in Harvard kennen und fühlte sich und seine persönlichen Erfahrungen in ihren Theorien und Aussagen bestätigt.

Um den Leitideen Brattons gerecht zu werden, musste die Polizei allerdings ihre passive Haltung aufgeben und attackieren anstatt nur zu reagieren. Hierfür musste sie in ein „schlagkräftiges Instrument" umgeformt werden. Besonders Kelling beschreibt einen negativen Wandel der polizeilichen Arbeit seit Beginn des 20. Jahrhunderts. Die Polizei wurde motorisiert und technisiert, Funkverbindungen ermöglichten eine Zentralisierung der Befehlsstrukturen aus einer einzigen Zentrale in Nähe des Stadtzentrums. Die engen Kontakte der Polizei zur Bevölkerung wurden bewusst eingeschränkt, z.B. durch den Einsatz von Streifenwagen. Die Polizei handelt hauptsächlich reaktiv, indem sie auf Notrufe, also bereits begangene Verbrechen, reagiert und ihre Leistungen lediglich in ihrer Reaktionszeit misst.[30]

Um dieser Entwicklung entgegenzuwirken, dezentralisierte Bratton die Kommandostrukturen der New Yorker Polizei. Die einzelnen Revierleiter erhielten mehr Selbstständigkeit und größere Befugnisse über taktische Planung und Einsatz der Ressourcen. Er beförderte Mitarbeiter, welche von seinen Ideen begeistert waren und gab ihnen dadurch die Chance, sich in hohen Positionen zu beweisen. Zudem änderte er die Uniformen, setzte höhere Standards bei der Rekrutierung neuen Personals und verbesserte die Ausrüstung der Polizei. Die Computerisierung der Informationsverarbeitung wurde dazu genutzt, wöchentlich aktualisierte Lagebilder innerhalb der Reviere zu veröffentlichen und gezielt darauf zu reagieren.

Rund um die Uhr zeigte die Polizei durch Fußstreifen Präsenz, besonders in den U-Bahn-Netzen und auf öffentlichen Straßen und Plätzen. Sie reagierten bereits auf kleinste Ordnungs-

---

[28] vgl. Bratton (1998): S. 42 f.
[29] vgl. Hess (2015): S. 139
[30] vgl. Kelling/Coles (1995): S. 70-107

widrigkeiten, indem sie die Störer in Gewahrsam nahmen und sie erkennungsdienstlich behandelten. Wenn einer der Störer zur Fahndung ausgeschrieben war, wurde er mit zur Polizeiwache genommen. Die Polizei verhinderte aggressives Betteln von Obdachlosen, zu laute Musik jugendlicher Gruppen, das Entsorgen von Müll auf offener Straße und schickten sogar offensichtliche Schulschwänzer wieder zurück in die Schule.

Die Polizei sollte nicht mehr primär als Strafverfolgungsbehörde agieren, sondern sich auf ihre ursprüngliche Hauptfunktion der Garantie öffentlicher Sicherheit und Ordnung besinnen. Beginnen sollte dies mit der Bekämpfung nicht-krimineller Devianz, Belästigung und Unordnung, zumindest soweit bis die zivilgesellschaftlichen Maßnahmen der informellen Kontrolle wieder greifen konnten.[31] Brattons Umstrukturierung bedeutete daher im allgemeinen eine Hinwendung von der Verbrechensverfolgung zur Kriminalprävention und wirkte der negativen Entwicklung seit Beginn des 20. Jahrhunderts entgegen.

Unter Bratton wurden in fast allen Bereichen der Polizeiarbeit scheinbar unerreichbare Ziele in Bezug auf die Senkung der Kriminalität gesetzt. Als diese dann erreicht oder sogar übertroffen wurden, hob dies das Selbstbewusstsein der Polizei immens an. Das Ergebnis war ein erstaunlicher und beneidenswerter Rückgang der Kriminalität. Von 1993 bis 2003 sanken die sieben sogenannten *index crimes* um insgesamt 64,3%: Mord und nicht fahrlässiger Totschlag minus 69,6%, Vergewaltigung minus 37,2%, Raub minus 68,4%, schwere Körperverletzung minus 49,6%, Einbruch minus 68,9%, schwerer Diebstahl minus 46,6% und Autodiebstahl minus 76,4%. Zudem lag das Kriminalitätsniveau von New York City früher stets über dem nationalen Durchschnitt, im Laufe der neunziger Jahre sank es allerdings immer weiter darunter, wobei das sinkende nationale Niveau zum großen Teil auch auf den Rückgang innerhalb von New York zurückzuführen war.[32]

Viele Kriminologen bleiben aber skeptisch gegenüber der neuen Polizeistrategie als monokausale Erklärung für den Rückgang der Kriminalität. Der Kriminalitätsrückgang habe bereits vor 1993 begonnen, und da es sich um ein nationales Phänomen handele, greife die Erklärung durch eine lokale Politik zu kurz. Sie bringen hauptsächlich Erklärungen wie demographische Veränderungen, Veränderungen auf dem Arbeits- sowie auf dem Drogenmarkt, hohe Einsperrungsraten und private Sicherheitsmaßnahmen an. Überblickt man diese Thesen, so zeigt keine eine wirkliche Alternative zur neuen Polizeistrategie. Manche von ihnen haben die polizeilichen Maßnahmen mit Sicherheit verstärkt, aber keinesfalls alleine den Rückgang der Kriminalität bewirkt. Insgesamt kann man daher festhalten, dass „dem Faktor Polizeistrategie in diesem größeren Zusammenhang mehrerer Faktoren eine herausragende Bedeutung zukommt".[33]

---

[31] vgl. Hess (2015): S.145
[32] vgl. ebd.: S.151
[33] vgl. Hess (2015): S. 172

4. Fazit

Die Sachbeschädigung ist besonders polizeilich betrachtet ein sehr wichtiges Delikt. Obwohl die Anzahl an Sachbeschädigungen von 2013 auf 2014 zurückgegangen ist, hat sie nach einfachem und schwerem Diebstahl den dritthöchsten Anteil an der gesamten registrierten Kriminalität. Somit sind 9,9% aller erfassten Straftaten Sachbeschädigungen. Das Delikt gehört zur Massen- und Straßenkriminalität und beeinflusst daher maßgeblich das subjektive Sicherheitsgefühl der Bevölkerung. Zudem ist die Sachbeschädigung für viele Jugendliche und Kleinkriminelle ein „Einstiegsdelikt" und somit der Beginn einer kriminellen Karriere oder der Weg zur schwereren Kriminalität. Daher sollte man die weitere Entwicklung der Krimina-litätslage zur Sachbeschädigung weiterhin gut im Blick haben und präventiv sowie repressiv entschlossen gegen sie vorgehen.

Meiner Meinung nach lässt sich die „Broken-Windows-Theorie" von Wilson und Kelling, so wie sie die beiden Wissenschaftler formuliert haben, nicht anerkennen oder bestätigen. Meiner Meinung nach ist Unordnung keinesfalls der alleinige Auslöser für Kriminalität. Diese Behauptung ist schlicht zu simpel gedacht. Würde man in einem gehobenen Stadtviertel das Fenster einer Villa einschlagen, würde es in diesem Viertel auch nicht aufgrund dessen mehr Kriminalität geben. Die Ursachen für Kriminalität sind sehr viel tiefgründiger und komplexer. Sie hängen vielmehr von den Menschen, ihrer Erziehung, ihren persönlichen Erfahrungen und ihren Lebensumständen ab als nur von einer Unordnung in ihrer Umwelt. Dennoch finde ich die „Broken-Windows-Theorie" teilweise sehr hilfreich und schätze ihren Blickwinkel zwischen Kriminalität und dem Raum, in welchem sie entsteht, sehr. Ich sehe zwar keine Kausalität von der Umwelt zur Kriminalität, allerdings sehe ich sehr wohl eine Abhängigkeit von einer Unordnung zur Kriminalität im umliegenden Raum. In einem kriminellen Stadtteil kann städtebaulicher Verfall die Kriminalität weiter verstärken. Die Unordnung innerhalb eines bereits kriminellen Stadtteils deutet auf inaktive Bewohner hin, welche sich nicht mehr um ihre Umgebung kümmern (können). Sie sind hoffnungslos, wirken verzweifelt und de-sozialisieren sich von ihren Pflichten und Mitmenschen. In diesem Sinne löst der städtebauliche Verfall einen negativen Verstärkerkreislauf aus, wie ihn schon Wilson und Kelling beschrieben, allerdings nicht als auslösender, sondern als eskalierender Faktor. Unordnung kann daher der Auslöser weiterer Kriminalität sein aber nicht ihre monokausale Ursache.

Literaturverzeichnis

1. Bratton, William: Turnaround, How America's Top Cop Reversed the Crime Epidemic,1998

2. Bundeskriminalamt (Hrsg.): Polizeiliche Kriminalstatistik 2014, Wiesbaden, 2015

3. Bundeskriminalamt (Hrsg.): Polizeiliche Kriminalstatistik 2014, Ausgewählte Tabellen (Anhang), Wiesbaden, 2015

4. Bundesministerium des Inneren (Hrsg.): Zweiter Periodischer Sicherheitsbericht, 2006

5. Burghard, Waldemar/Hamacher, Hans-Werner: Kriminalistik Lexikon, 2. Auflage, Heidelberg, 1986

6. Curtis, Richard: The Improbable Transformation of Inner-City Neighborhoods, in: Journal of Criminal Law and Criminology, Northwestern University Illinois, 1998

7. Eisenberg, Ulrich: Kriminologie, 6. Auflage, 2005

8. Feltes, Thomas: Das Modell New York, Kriminalprävention durch Zero Tolerance? Beiträge zur aktuellen Kriminalpolitischen Diskussion, 1997

9. Göppinger, Hans: Kriminologie, 6. Auflage, 2008

10. Hess, Henner: Die Erfindung des Verbrechens, Wiesbaden, 2015

11. Kaiser, Günther: Kriminologie, 3. Auflage, 1996

12. Kelling, George/Coles, Catherine: Fixing Broken Windows, Restoring Order And Reducing Crime In Our Communities, 1998

13. Neubacher, Frank: Kriminologie, 2. Auflage, 2014

14. Schwind, Hans-Dieter: Kriminologie und Kriminalpolitik, Eine praxisorientierte Einführung mit Beispielen, 23. Auflage, 2016

15. Strafgesetzbuch, 53. Auflage, 2015

16. von Danwitz, Klaus-Stephan: Examens-Repetitorium Kriminologie, 1. Auflage, 2014

17. Wilson, James/Kelling, George: The police and neighborhood safety, in: The Atlantic Monthly, März 1982

18. Wilson, James/Kelling, George: KrimJ., 1996

BEI GRIN MACHT SICH IHR WISSEN BEZAHLT

- Wir veröffentlichen Ihre Hausarbeit, Bachelor- und Masterarbeit

- Ihr eigenes eBook und Buch - weltweit in allen wichtigen Shops

- Verdienen Sie an jedem Verkauf

Jetzt bei www.GRIN.com hochladen und kostenlos publizieren